Llegó la banda

Gregory Michaels
Ilustrado por Dominic Catalano

HAMPTON-BROWN
Quien sabe dos lenguas vale por dos®

Llega don Gato. Lleva una bolsa.
—¡Hola! —llama don Gato.

Llega doña Miga. Lleva una lata.
—¡Hola! —llama doña Miga.

Llega don Zorro.
Lleva una caja.
—¡Hola! —llama don Zorro.

Llega doña Élago.
Lleva unos papeles.
—¡Hola! —llama doña Élago.

—¿Ya estamos todos?
—llama doña Élago.

—¡Un minuto!
—llama don Saltamontes.

—¡Música, muchachos!

Los muchachos se ponen a tocar.
Y don Saltamontes se pone a chillar.